La historia de Ricitos de oro y los tres osos

por Rena Korb

ilustrado por Sean O'Neill

Scott Foresman
is an imprint of

PEARSON

Glenview, Illinois • Boston, Massachusetts • Chandler, Arizona
Upper Saddle River, New Jersey

Every effort has been made to secure permission and provide appropriate credit for photographic material. The publisher deeply regrets any omission and pledges to correct errors called to its attention in subsequent editions.

Unless otherwise acknowledged, all photographs are the property of Pearson.

Illustrations by Sean O'Neill.

20 ©Daniel J. Cox/CORBIS.

ISBN 13: 978-0-328-53585-9
ISBN 10:   0-328-53585-0

2 3 4 5 6 7 8 9 10 V0N4 13 12 11 10

Había una vez una familia de osos que vivía en un bosque verde y frondoso. No eran osos como otros osos cualesquiera. Papá Oso era enorme. Su cabeza tupida casi rozaba el techo de su pequeña casa. Aunque Mamá Osa era mucho más pequeña que Papá, también era bastante grande. (Después de todo, ella era una osa.)

Papá y Mamá Oso tenían un hijo llamado Billy Oso. En comparación con sus padres, Billy era pequeño. Billy se sentía solo. Todos sus compañeros de tercer grado vivían en el pueblo cercano de Woodville y nunca lo iban a visitar después de la escuela.

La casa de los osos era alegre y luminosa. Por la noche, Papá Oso se sentaba en su gran sillón. Estaba hecho del tronco de un árbol que él y Billy habían encontrado en el bosque. El sillón más pequeño de Mamá Osa estaba cubierto con un terciopelo verde y suave. El sillón de Billy era el más pequeño de todos, claro, pero le servía perfectamente. Estaba hecho de madera del bosque, como el sillón de Papá. Era cómodo con su almohadón bordado, como el sillón de Mamá.

Arriba estaban los dormitorios. Papá Oso tenía una cama grande con un colchón grueso. Mamá Osa tenía una cama mediana cubierta por una manta lanuda. Billy Oso dormía en una cama pequeña tallada en madera de cerezo.

Una mañana, Mamá decidió preparar avena para el desayuno. Puso unas cucharadas en tazones. Papá tenía un tazón grande, Mamá tenía uno mediano y Billy tenía un tazón muy pequeño con solamente una cucharada. Cuando Billy trató de comer un bocado, hizo un terrible descubrimiento. ¡La avena estaba demasiado caliente para comérsela!

La familia Oso decidió dar un paseo. Su objetivo era dejar que se enfriara la avena. Pero mientras estaban caminando, una pequeña niña llamada Ricitos de Oro pasó por enfrente de la casa de la familia Oso.

Ricitos de Oro tenía aproximadamente la edad de Billy Oso y hasta iba a la misma escuela. Aunque parecía una princesa con sus largos y dorados rizos, a veces se portaba como si todo en el mundo le perteneciera.

"¿Qué es ese olor tan delicioso?", se preguntó. "Debe de venir de esa casa". Miró por la ventana y vio que no había nadie. Así que trepó por la ventana y entró a la casa de los osos.

Primero probó la avena de Papá Oso.

—¡Demasiado caliente! —se quejó Ricitos de Oro.

Luego probó la avena de Mamá Osa, pero estaba muy fría. Después probó la avena de Billy Oso. Estaba tan rica, que lamió el tazón hasta que no quedó nada.

—¡Ésta debe de ser la casa de Billy Oso! —dijo, mientras miraba fotos de la sala.

Luego vio la colección de delicados animales de cristal de Mamá Osa. Tomó un conejo del estante para mirarlo más de cerca.

Entonces se sentó en el gran sillón de Papá Oso.

—Vaya, es muy duro.

Así que se sentó en el sillón de Mamá Osa.

—Vaya, es muy blando.

Y se sentó en el sillón de Billy Oso.

—Es perfecto —dijo.

Pero de pronto el sillón de Billy Oso se derrumbó y el conejo de cristal se quebró en pedazos diminutos.

Ricitos de Oro subió a los dormitorios y entró al de Mamá y Papá. Corrió a la cama de Papá Oso, trepó y se acostó a hacer una breve siesta. Esa cama estaba muy dura.

Entonces se acostó en la cama de Mamá Osa. Le pareció que estaba en una nube. Era muy blanda.

Se las ingenió para salir de la cama de Mamá Osa y cruzó el corredor.

—Éste debe de ser el dormitorio de Billy —dijo.

Ricitos de Oro vio la cama de Billy Oso y se acostó. Era perfecta. Se estiró y bostezó, y en un abrir y cerrar de ojos, estaba profundamente dormida.

Justo entonces la familia Oso volvió a casa.
Sin saber que alguien había estado allí, Billy
Oso corrió a la cocina, sintiendo bienestar de
sólo pensar que iba a comer su avena. Entonces
hicieron el descubrimiento cuando sus pies
chapotearon en la avena del piso.

—¿Qué está pasando aquí? —preguntó Papá
Oso, corriendo.

Vieron pisadas, avena desparramada y el
tazón de Billy vacío y limpio.

—¡Alguien ha comido de mi avena! —gruñó
Papá Oso.

—¡Alguien ha comido de mi avena! —chilló
Mamá Osa.

—¡Alguien ha comido de mi avena, y se la
acabó toda! —se lamentó Billy Oso.

Todos se miraron escandalizados.

—Alguien ha estado en nuestra casa —dijeron
los osos.

—Yo me encargaré de los intrusos —rugió
Papá Oso.

Papá Oso fue a revisar toda la casa.

—Quédense detrás de mí —advirtió a Mamá Osa y a Billy.

Entraron a la sala de la familia.

—¡El intruso quebró mi conejo de cristal! —se quejó Mamá Osa.

—¡El intruso quebró mi sillón! —se lamentó Billy Oso.

Luego revisaron los dormitorios.

—Alguien ha estado durmiendo en nuestras camas —dijo Mamá Osa.

Papá Oso abrió de golpe la puerta del dormitorio de Billy Oso. Allí Ricitos de Oro dormía como un ángel. El intruso no era más que una niña pequeña.

Billy Oso reconoció a Ricitos de Oro por sus rizos largos y dorados.

—¡Ricitos de Oro, despierta ya mismo! —gritó, sacudiendo sus hombros.

Ricitos de Oro abrió los ojos.

—¿Qué haces aquí? —preguntó Billy Oso—. Te comiste mi desayuno, quebraste mi sillón y ahora estás durmiendo en mi cama.

Ricitos de Oro miró las tres caras que la rodeaban.

—Lo siento tanto, tanto —tartamudeó—. O-o-olí la avena deliciosa y trepé por la ventana y me comí tu desayuno. Será mejor que me vaya a mi casa ahora —dijo.

Desapareció de la casa a toda marcha.

—Esa pequeña exploradora debe sentirse muy sola —dijo Papá Oso.

—¿Sola? —repitió Billy—. Es simplemente mala.

—Cuando las personas se sienten solas —dijo Mamá Osa—, se sienten tristes, pero se portan mal.

Billy pensó en eso por un minuto. A veces él también se sentía solo.

—¡Ricitos de Oro! —llamó Billy Oso—. ¡Espera un momento!

17

Ricitos de Oro se detuvo y volvió. Hizo un remolino con su pelo entre los dedos nerviosamente mientras esperaba a que Billy Oso hablara.

—¿Quieres venir a jugar conmigo?

—¿Ya no estás enojado porque me comí tu avena y todo lo demás? —preguntó Ricitos de Oro.

—No —respondió Billy—. Te perdono.

—¡Gracias, Billy! Deja que le pregunte a mis padres si les parece bien.

—Apúrate —dijo Billy Oso.

Más tarde, Billy Oso y Ricitos de Oro dieron un paseo con Papá Oso para buscar un tronco con el que Papá pudiera hacer un nuevo sillón para Billy Oso.

Al final del día todos comieron las delicias especiales que Mamá Osa había hecho: barras de miel y mantequilla de maní. Ricitos de Oro dijo que eran incluso más deliciosas que la avena de Billy Oso.

—¡Y mi nuevo amigo no es ni muy grande ni muy pequeño! Es perfecto —agregó.

Osos salvajes

Hay osos salvajes en América del Norte, Europa y Asia. En los Estados Unidos hay osos grises, negros y pardos. Los osos viven solos y raramente andan en grupos.

La mayoría de los osos comen de todo: peces, insectos, otros animales, semillas, raíces, frutos secos y bayas. También les gustan mucho las hormigas y la miel.

Al nacer, los cachorros de oso pesan alrededor de una libra. Los cachorros se quedan con su madre por cerca de un año y medio. Ella les enseña a cazar, a hallar comida y a protegerse.

En el otoño, los osos comen mucha comida. Luego pasan de dos a seis meses hibernando, o durmiendo.